我的家在灣區

南方日報出版社
NANFANG DAILY PRESS
中國·廣州

廣州日報讀懂廣州工作室　編著

图书在版编目（CIP）数据
我的家在湾区 ：繁体版 / 广州日报读懂广州工作室编著. -- 广州 ：南方日报出版社，2024. 11. -- ISBN 978-7-5491-2910-2
Ⅰ. G127.65-49
中国国家版本馆CIP数据核字第20244AQ797号

我的家在灣區

编　　著：廣州日報讀懂廣州工作室
出版發行：南方日報出版社
地　　址：廣州市廣州大道中289號
出 版 人：周山丹
出版統籌：劉志一
責任編輯：陳　宇
裝幀設計：勞華義
責任校對：阮昌漢　符文達
責任技编：王　蘭
印　　刷：廣州市尚銘印刷股份有限公司
成品尺寸：180mm×250mm
印　　張：8.25
字　　數：15千字
版　　次：2024年11月第1版
印　　次：2024年11月第1次印刷
定　　價：128.00元

讀者熱綫：（020）87363865
發現印裝品質問題，影響閱讀，請與承印廠聯繫調換。

序言

一場愉快的灣區文化之旅

珠三角地區有句俗語:「廣州城、香港地、澳門街」，穗港澳三地同屬嶺南之地，地緣相近、人緣相親、語言相通、文化同源。從2022年1月《廣州日報》創設「讀懂廣州工作室」開始，融媒體專欄《粵韵周刊》一直圍繞廣州及大灣區的城脉、商脉、文脉做足文章，始終以聚焦嶺南文化起源、形成、發展爲主旨。

如何讓具有濃厚文化底蘊的《粵韵周刊》「走進」港澳小讀者，引領港澳小讀者走進嶺南文化的世界，讓港澳小讀者在輕鬆愉快中認識嶺南文化的一花一木、一街一巷、一彩一綉，自然也成爲「讀懂廣州工作室」深入思考的重要課題。同港澳小讀者見面的《我的家在灣區》繪畫小書，就是我們的探索與嘗試。

《我的家在灣區》共五個章節，分別以美食、粵劇、廣綉、祠堂、龍舟爲主題，全書以繪畫圖片爲主，文字解説爲輔。書中，來自香港的紫荆、澳門的小蓮、廣州的木棉「三名小朋友」齊聚廣州，在家長的陪伴下開展了一場精彩的文化探索之旅。全書以三人遊覽活動爲綫索，帶領小讀者品嘗美食、欣賞粵劇、參觀博物館、遊覽古祠古迹、觀看龍舟。書中每一章後還附有「小貼士」，對「早茶起源」「粵劇誕生」「廣綉發展」「宗祠曆史」「端午習俗」等主題加以簡介，感興趣的小讀者可以此爲引子，查找更多材料加以學習。

本書的創新嘗試在于，采用擬人化的對話口吻，通過一幅幅美妙的手繪畫，融合嶺南文化的文字、實物，一一展開這次「嶺南文化之旅」。本書畫風清新、自然、活潑，娓娓道來嶺南文化的點點滴滴，無形中充滿童趣、樂趣、雅趣。對廣大港澳小朋友來説，這本小書將成爲他們初步瞭解與學習嶺南民俗文化的小幫手。希望以此書出版爲契機，讓更多港澳小朋友關注嶺南傳統文化，愛上中華優秀傳統文化，以生動活潑的形式，來一場「尋根之旅」。

廣州日報讀懂廣州工作室

2024年9月

目録

第一章

來我家品美食

食在廣州，原來真的很有譜

小蓮： 木棉！紫荆！我們今天爲什麽起得這麽早啊？

紫荆： 哈哈，木棉説帶我們一起吃美食！

木棉： 這「美味」的一天，我們要從早茶開始！

木棉：紫荊喜歡今天的早茶嗎？

紫荊：棒極了！這些點心太好吃了，籠屜一上桌我的胃口就打開啦！

木棉：今天的點心你最喜歡哪樣？

紫荊：這些點心我都喜歡，但蝦餃是我的最愛。

木棉：哈哈！我也喜歡廣式點心，燒賣是我的最愛！

小蓮：這份蝦餃太好吃啦，外皮晶瑩剔透，蝦肉有彈性，很鮮！

木棉爸爸：蝦餃好吃，皮是關鍵。蝦餃皮是用澄麵加生粉做出來的。製作外皮要用薄身的「拍刀」。廚師用掌心將小麵團按壓成橄欖狀，「拍刀」一壓一轉，薄薄的蝦餃皮就做好了。

紫荊：我在香港就常聽人説「食在廣州」，這個俗語是怎樣誕生的?

木棉爸爸：「食在廣州」之名始于晚清。那時廣州是對外貿易的中心，世界各地商賈聚集在這裏。人們對美食的講究演繹至極致，讓粵菜向高端精緻化發展，同時吸收了海内外的飲食特色，變得豐富多彩。

紫荆：這裏環境真好，看着窗外的風景感覺胃口大開。

紫荊：在香港，無論是逢年過節還是長輩過生日，一碟白切雞都是必不可少的。

木棉爸爸：白切雞看似平平無奇，但能表現雞肉的本味和鮮味。雞骨頭看似有血色，其實皮肉鮮嫩可口。在大灣區各地，白切雞都是大家喜愛的一道好菜。

木棉爸爸：粵菜一直在創新，這道菜用傳統的陳村粉搭配牛肉，牛肉下的小石子預先加熱，可以讓菜肴保持溫度。

木棉媽媽：廣府菜在香港發揚光大。以雲吞麵來説，傳統的雲吞多以猪肉爲餡料，港式雲吞麵的雲吞用大蝦仁入料。麵還是傳統竹升麵，湯鮮味美。

木棉媽媽：香港的粵菜廚師也充分發揮了香港盛產海產的優勢，讓粵菜進一步發揚光大。

小蓮：這道魚生真好吃！

木棉爸爸：「食在廣州，廚出鳳城」，這份魚生是一位順德大廚親手製作的。

小蓮：哈哈，澳門是聯合國認證的世界美食之都呢，東西薈萃，美食多樣。

小蓮：木棉最喜歡澳門的哪樣美食？

木棉：當然是葡式蛋撻啦！

小蓮：澳門葡撻的創始人是一個名叫安德魯的英國人。1989年，安德魯因工作原因定居澳門。他借鑒粵式炖奶、英式甜點的做法，改良麵粉、蛋液和奶油的比例，自創「澳門葡撻」。

紫荊：我最喜歡的澳門美食是猪扒包，每次去茶餐廳必吃!

紫荊：話說有一樣小食在粵港澳三地都很受歡迎，那就是牛雜！

小貼士1　廣州早茶的起源

廣州茶市的興起最早可以追溯到清代咸豐年間在廣州普遍開設的「二厘館」。開設「二厘館」的店家發現客人喝茶之餘也有用餐需求，于是開始供應點心。不久後，茶居出現，它是「二厘館」的升級版本，提供的茶飲和點心都更爲豐富和講究。光緒年間，「三元樓」是廣州第一間較有規模的現代茶樓，擁有三層建築，陳設典雅，被稱爲「高樓館」，「茶樓」之名正是從「高樓」中來，飲茶之習俗逐漸被稱爲「上高樓」。

小貼士2 廣州的飲茶禮節

與長者一起飲茶，沏茶的任務就是後生仔的，這個人要掌控全場的飲茶節奏，不宜斟得太頻繁，亦不可吃得開心忘了沏茶；茶湯之濃淡冷熱，全憑此人細心觀察。受茶者，手作拳狀，手指內扣，輕敲桌面感謝「斟茶」，每每如是。這是飲茶中的「叩手」禮儀。

小貼士3　粵菜的傳播

粵菜「走出去」，可追溯到1843年上海開埠。當時大量廣東商人逐鹿上海灘。隨即，大量粵菜館走進上海。20世紀80年代末90年代初，乘着改革開放的東風，粵菜影響力從南粵向內地擴張，華夏大地的許多大城市相繼開設了粵菜餐館。從白山黑水的東北到山川交縱的大西南，吃粵菜成爲時尚。

小貼士4 喜愛美食的南越王

粵菜的起源可追溯到兩千多年前。南越王趙佗治理嶺南時，當地經濟和文化有所發展，飲食烹飪演化成型。在趙佗的孫子趙眜墓中，出土了鼎、鍪、甑、烤爐等炊具，還有海產、野味、乳猪、蔬菜、果實的殘骸。在廣州發掘的漢墓遺址中，曾出土各種果實種子，以及各類禽畜，還有泥蚶、青蚶等水產。

小貼士5　融匯各地特色的粵菜

粵菜擁有悠久的歷史，也保持着兼收并蓄的傳統。據考證，粵菜的燒鵝，來自明朝南京宮廷名菜燒鴨；馳名粵菜白切鷄，其實來自淮揚菜的白片鷄，但粵菜在溫度把控上更加大膽、精準。粵菜的乾燒鮑魚和叉燒雲腿則吸收了川菜的做法。

小貼士6 食在廣州　廚出鳳城

清末民初，「食在廣州」的説法開始流行，廣州也是全國首個獲得「中華美食之都」和「國際美食之都」雙料稱號的城市。而臨近廣州的佛山順德，別稱「鳳城」，以名廚輩出聞名，故有「食在廣州，廚出鳳城」的俗語。據不完全統計，順德目前有超過8萬名廚師從事餐飲工作。

第 二 章

來我家聽戲曲

邀你來聽，世界級的好聲音

木棉：紫荊，聽説你是粵劇迷。

紫荊：哈哈，我很喜歡粵劇，我很期待來廣州參觀粵劇博物館。

小蓮：我對粵劇的服裝很着迷！

小蓮： 粵劇的腔調真獨特，它是怎麼出現的？

木棉爸爸： 據説在清代，粵劇唱腔就基本確定了。那時候，全國各地的戲班雲集廣州表演，他們帶來了各自家鄉的唱法，這些曲調與粵語的音韵結合，才形成了今天的粵劇唱腔。

小蓮：紫荊，你喜歡哪些粵劇？

紫荊：新老粵劇我都喜歡，我最喜歡看《武松打虎》《蘇武牧羊》《荊軻》，小蓮呢？

小蓮：我最喜歡《帝女花》，這齣戲的唱詞真好聽！

小蓮：粵劇演員的衣服也美極啦！有些戲服上的袖子很長，會不會妨礙表演？

木棉爸爸：不同的戲服區分角色在臺上的地位。這件「大扣」代表盔甲，穿它就演將軍。這種長袖子叫「水袖」，可以用水袖表演各種動作。

小蓮：叔叔，這件竹子做的衣服是什麼？我從來沒見過。

木棉爸爸：這是竹水衣，是以前粵劇演員在戲服內貼身穿着的衣服。夏天可以防熱，還可以防止汗水浸濕戲服，現在已經不再使用了。

木棉：粵劇的妝容真漂亮，舞臺上都有哪些角色類别？

木棉爸爸：粵劇不同的角色又叫行當，分爲武生、小武、花旦、正旦、正生、總生、小生、公脚、花面、丑生。「生」就是男性角色，「旦」是女性角色，「丑」是滑稽角色，不同的行當要化不同的妝。

木棉：粵劇演員也要練武嗎？

木棉爸爸：當然啦，粵劇演員的基本功：唱、念、做、打，哪樣都不能少。武術也是舞臺上表演的一部分。我想演武生，老師就教我們打咏春，我還在練習翻跟頭呢。

紫荊：粵劇還會用小提琴伴奏嗎？

木棉爸爸：粵劇以前主要用月琴、二胡等民族樂器伴奏，但廣東一直對外開放，在20世紀初就有粵劇戲班引進了小提琴，它音色華麗、明亮，非常適合爲粵劇伴奏。

紫荊：叔叔，粵劇演員戴的帽子有什麼講究？

木棉爸爸：粵劇中的冠帽很多，不同冠帽代表所扮演角色的不同身份，戴這種皇冠的人飾演君主。

木棉爸爸：粵劇表演中，鼓點非常重要，掌控着現場的節奏。

木棉：在香港，大家也喜歡看粵劇嗎？

紫荆：我們在香港也經常看粵劇，我爸爸就常帶我去看戲，本地市民看粵劇的熱情非常高。

木棉：香港的粵劇和廣州的粵劇有什麽不同嗎？

木棉媽媽：香港本地的粵劇人會在劇本創作上創新，產生了很多新戲，香港的粵劇作家喜歡從外國故事中汲取靈感。香港的粵劇電影和唱片廣泛流傳，讓粵劇成爲香港本土文化的重要組成部分，也讓粵劇走向世界。

木棉媽媽： 説起來，我母親小的時候還在香港看過紅綫女的演出，她的唱腔優美，表演靈動，大家爲了看她的演出，不惜排長隊買票。

木棉爸爸： 紅綫女對粵劇的發展影響很大，廣州還有她的紀念館。也因爲她，粵劇還有了「南國紅豆」的美稱。

紫荆：這部粵劇場面真是恢宏，唱詞也好聽！

木棉爸爸：這部戲叫《南越宮詞》，戲裏講秦朝時趙佗奉始皇帝的命令南下統一嶺南，他面對殘酷的戰鬥，反思戰爭的意義，决心以和平手段促進民族融合。這部戲將嶺南的歷史和粵劇表演相結合，非常精彩。

紫荊：粵劇真是有趣的戲劇，背後還有好多學問。我也要學習粵劇，希望小夥伴們能把粵劇繼續發揚光大！

小貼士1 粵劇的起源

清代乾隆年間，粵劇唱腔初定。徽、贛、蘇、湘、豫、桂六地的戲班雲集廣州，這些被稱爲「外江班」的戲班帶來了豐富多彩的演藝形式，梆子腔、昆腔、徽調（石牌腔）、漢調（楚腔）等，與粵地方言和語音相結合，兼收并蓄，融合粵地人民的生活習慣與欣賞興趣，逐漸形成了具有鮮明地域特色的廣韵廣調。從清末至二十世紀三四十年代，粵劇以在廣州、香港、澳門等城市演出爲主，名角比較集中，規模較大的粵劇戲班被稱爲「省港班」，這批戲班的出現擴大了粵劇的影響。

小貼士2　粵劇名人

薛覺先，他是第一位拍攝電影的粵劇演員，1925年拍攝了默劇電影《浪蝶》，1932年拍攝了粵劇有聲電影《白金龍》。

馬師曾，他在創作中有意將大量廣州方言俗語、市井俚語引入。他推動完成了粵劇的兩大重要變革，一是從唱官話改爲唱白話，二是從全男班、全女班改爲男女合班。

紅綫女，她出身粵劇世家，12歲即登場，17歲開始在馬師曾的太平劇團擔任正印花旦。除了舞臺表演，她還主演過多部電影。1952年她在香港組建真善美劇團。1955年紅綫女返回廣州定居。1956年，由她和馬師曾主演的《搜書院》在北京上演，粵劇因此有了「南國紅豆」的美稱。

小貼士3 粵劇藝術博物館

粵劇藝術博物館位于廣東省廣州市荔灣區恩寧路127號，總用地面積1.72萬平方米，建築面積2.17萬平方米，博物館設有園林、展廳、戲臺、劇場等傳承展示區域，擁有各類藏品5000餘件。館内還設有精品劇場，配備先進的聲光電系統，可舉辦粵劇粵曲精品演出。

小貼士4　走向世界的粵劇

粵劇廣泛流行于粵語地區。在東南亞、美國、加拿大等華僑聚集地都能尋見粵劇活躍的身影，只要有廣東人足迹的地方，就有廣東人的戲班。粵劇也是海外傳播時間最長、傳播範圍最廣的華語劇種。創辦于1990年的羊城粵劇節則是目前國內規模最大、規格最高、影響最廣、最具權威性的大型國際知名粵劇文化交流品牌活動。

小貼士5 粵劇中的女英雄

粵劇中擁有大量個性鮮明、性情堅韌、人格獨立的女性形象。粵劇《譙國夫人》講述了「巾幗英雄」冼英的故事，粵劇《紅頭巾》則描繪了二十世紀二三十年代下南洋謀生養家的婦女群體「紅頭巾」爲新加坡的建設作出的貢獻。

小貼士6　粵劇與廣綉

粵劇演員身上華麗的服飾離不開廣綉綉工的精湛技藝。廣綉的歷史也被搬上了粵劇舞臺，廣州粵劇院創作新編粵劇《雙綉緣》，以唐代蘇鶚《杜陽雜編》中記載的南海少女盧眉娘爲原型，將粵劇與廣綉兩大非遺藝術融爲一體，展現廣綉悠久的歷史。

小貼士7 粵劇與南派武術

粵劇武技可以分爲武打和翻跟頭兩部分。傳統粵劇的武打源自以拳術爲主的少林武功（行稱「鐵綫拳」），講究「硬橋硬馬」有着剛勁的南派特色，與京劇以腿功爲主、强調身段美感的北派武技各有千秋，故有「南拳北腿」之説。昔日粵劇武生慣用「木人樁」練習武功，與民間武館無异。

第 三 章

來我家賞瑰寶

以針爲筆，廣州人這樣畫畫

小蓮：叔叔，究竟什麽是廣綉啊?

木棉爸爸：廣綉是一種獨特的刺綉技法。它與潮綉合稱「粵綉」，粵綉與蘇綉、蜀綉、湘綉并稱爲我國四大名綉。2006年，廣綉列入第一批國家級非遺代表性專案名録。

小蓮：我們的廣綉之旅爲什麽要從這裏開始？

木棉爸爸：1983年，廣州象崗山發現南越王趙眜墓，墓中除了成捆的織物，在出土文物中還發現有綉紗、綉絹。雖然刺綉的整體圖案不明，但在殘片中仍能看出以「辮子針」和「長挑針」法綉制的紋樣。

小蓮：廣綉爲什麼會在廣州地區誕生？

木棉爸爸：廣東桑蠶業已有2000多年歷史，廣綉正是在絲綢生產、貿易、消費的基礎上發展起來的。

小蓮： 廣綉是什麽時候逐步成型的？

木棉爸爸： 最早與廣綉相關的文獻記載見于唐朝。唐人蘇鶚撰寫的《杜陽雜編》記載了廣州綉工盧眉娘，她是我國歷史上最早綉字的民間藝人。

紫荊：感覺明清的廣綉作品愈加繁複了。

木棉爸爸：明代年間，增城女子陳瑞貞令廣綉迎來了另一個高光時期。據清代《增城縣志》和《陳氏族譜》記載，明洪武十五年（1382年），14歲的陳瑞貞被選入宮中，因刺綉技藝出衆，負責管理皇家錦絲刺綉等事務，廣綉之工藝由此傳開。

紫荊：我想起來了，之前在英國的博物館我也見過來自廣州的廣綉作品。

木棉爸爸：來自廣州的綉品沿海路貿易傳播到西方社會。17—18世紀，出口歐洲的廣綉中不僅有批量生產的商品，還有貴族訂制的獨特綉品。清代「一口通商」後，廣綉專業場所鱗次櫛比，僅廣州狀元坊的廣綉工廠與商店就有幾十家。廣州十三行博物館收藏了不少用于出口的紡織品。

紫荆： 之前我們在粵劇博物館看到的戲服也是廣綉技藝？

木棉爸爸： 是的，清代雍正前後，廣綉又增加了一類新品種——粵劇戲服，這便是當時享譽全國的廣州「伶裝」。

紫荊：以前的刺綉工人有男性嗎?

木棉爸爸：乾隆年間，刺綉形成了行業，成立了錦綉行，會名「綺蘭堂」，入行者都是男工（俗稱「花佬」），當時有900多人。因爲當時廣綉商品大量出口，訂單很多，要集中生產，體能消耗大，所以綉工多是男性。

木棉：廣綉的針法有什麼特點？

木棉爸爸：受到嶺南民間手工藝和中西審美的影響，廣綉針法多樣，紋理清晰，善留水路，層次分明，針步均勻，針路流暢，針腳齊整，絨綫排列緊湊。

木棉：爸爸，廣綉會創作有哪些主題?

木棉爸爸：百鳥是廣綉最爲常見的題材，此外廣綉還喜歡以花卉、水果、龍鳳、魚、山水、風景、人物等作爲創作題材，荔枝、紅棉以及三鳥（即鷄、鵝、鴨，行業内合稱「三鳥」）是此類題材中的翹楚。

木棉：我覺得廣綉的色彩非常鮮明。

木棉爸爸：當我們欣賞一幅廣綉作品的時候，會發現廣綉構圖講究飽滿繁茂，少有空隙，突出熱鬧的意境，藝術效果獨具嶺南特色。色彩方面，廣綉用色豐富，廣綉藝人善于運用颜色對比强烈的絲綫，達到明艷亮麗的效果，還喜用金綫勾勒輪廓，作品喜慶富麗。

木棉：當時出口的廣綉值多少錢？

木棉爸爸：據當時記載，第一艘來華的美國商船「中國皇后號」船長格林購買了兩件廣綉綉品，花了68美元，而當時一把象牙扇的平均價格只有1美元。

小蓮：叔叔，廣綉受到過國外藝術的影響嗎？

木棉爸爸：明清時期，廣綉吸收了西洋油畫的藝術風格和明暗透視及光綫折射的原理，也受到了國外顧客的歡迎。

木棉爸爸：清代，廣綉還針對西方市場量身定製綉品，誕生了在全球貿易史上頗有名的「馬尼拉大披肩」。

木棉爸爸：由于廣綉製品大量出口，本地工匠還根據歐洲顧客的需求製作了鋼琴罩等產品。

小蓮：我也要學習廣繡技藝，未來繡出自己的創意！

小貼士1 廣綉的起源

西漢時期，廣東本地出現了刺綉工藝。推動廣綉繁榮興盛的，則是始于漢代的海外商業貿易活動。唐開元年間，廣州設立市舶使，允許民間的海外商貿活動，并在廣州設立「番坊」供外國商人居住。廣州的絲織品作爲重要的傳統貿易物資，亦隨着商船漂洋過海。最早與廣綉相關的文獻記載見于唐朝。唐人蘇鶚撰寫的《杜陽雜編》中說：「唐永貞元年（805年），南海貢奇女盧眉娘，時年十四……能于一尺絹綉《法華經》七卷，字如粟粒而點劃分明。」宋代，廣東形成了以珠江三角洲爲中心的蠶絲基地，刺綉等「精工細作」進入尋常人家。明清兩代廣綉綉品出口達到一個高峰。

小貼士2 廣綉的特色

廣綉的風格、針法在大灣區基本相同，因地區不同而稍有差异。廣州番禺的刺綉多爲傳統題材，分實用刺綉（日用品）和藝術刺綉兩種，以絨綉爲主。佛山順德最具特色的是雙面實用綉品，其綉品底面不串綫、不交叠，圖案色彩、紋理與綉品正面相差無幾。廣綉還采用嶺南畫派畫家的畫作「以畫入綉」，融合欧洲畫綫條、明暗變化的畫法，使作品看起來立體感十足。

小貼士3　廣綉與世界

明清時期，廣綉吸收了西洋油畫的藝術風格和明暗透視及光綫折射的原理，這種中西結合的風格很符合西方人的審美趣味，在歐美大受歡迎。這是廣綉發展史上一個關鍵的轉捩點。西方藝術史學者認爲，廣東的金銀綫綉對17世紀至18世紀的法國繪畫、手工藝、建築藝術以及室內裝飾等產生了重大影響，特別是在路易十五時期，描繪宮廷生活的油畫就借鑒了金銀綫綉的技法。

小貼士4 廣綉發展的基礎

廣綉的發展得益于廣東地區發達的絲織業。廣東氣候温熱潮濕，珠江三角洲平原河網密布，適合種桑養蠶，廣東桑蠶業已有2000多年歷史，是中國四大傳統蠶繭產區之一。明清時期，隨着大規模商品貿易的發展，絲織品發展爲大宗出口商品，這使廣綉在技法和生產方式上都產生了質的轉變，進入鼎盛時期。

小貼士5　廣繡工藝流程

圖稿設計—過稿—上綳架—定綉紋—選用針法—選色綫—施綉—整體檢查—卸綳—整熨—綉品裝裱—包裝。勾稿是用畫筆將圖案輪廓勾畫到面料上，選色綫是從彩色絲綫中將作品要用到的綫選出來。定綉紋，選用針法就是根據不同的主題，來判斷和調整每一步最合適的綉製針法。

小貼士6 商業化的廣綉產品

作爲海上絲綢之路上的重要商品，廣綉的產品種類非常多元。從遺留的廣綉商家廣告單中可以見到，廣綉不僅有日用品，也有裝飾品；有適用于國内需求的產品，也有適合海外市場的產品；既有滿足人們日常生活的日用品，也有滿足皇室貴族的貢品。商品化屬性使廣綉的生產須要根據市場的需求及時調整。

小貼士7　外貿帶來的廣綉繁榮

康熙二十四年（1685年）清朝在廣州設立粵海關，1757年廣州「一口通商」的地位確立，各省絲綢都需轉運到廣州，再經「十三行」出口歐美。對外市場的繁榮讓廣綉產業得到很大發展。爲適應大批量生產的需要，廣綉開始走出民間家庭作坊，走上商品化生產的道路，廣州廣綉專業場所鱗次櫛比，并向周邊的順德、南海等地發展。

小貼士8 廣綉的美學取向

廣綉以綉嶺南風物出名，與精細雅致的蘇綉、平整鮮亮的蜀綉、細膩寫實的湘綉相比，廣綉堪稱「濃墨重彩」，在色彩運用上十分大膽。爲了在潮濕多雨的條件下保存，廣綉所用顏色純度較高，能長久保持鮮亮，又因工藝的要求，實用廣綉作品的色階數量少，跨度却很大，成品色彩對比强烈。

第四章

來我家湊熱鬧

祠堂共聚，太公要分猪肉啦

小蓮：陳家祠真美，真是宏偉的建築！

紫荆：我爸爸告訴我，祠堂是每個廣府人的根。

木棉：廣州有很多保存完好的古祠堂，今天我們一起去看看，來一場宗祠citywalk吧！

紫荆：叔叔，祠堂是如何起源的？

木棉爸爸：「祠堂」一名最早出現于漢代，也叫家廟、宗祠，是一族一姓用來紀念祖先的建築。早期，一般人家是禁止建立宗祠的，明代中期開始，祠堂逐漸走向民間。

紫荊：真是古樸典雅，氣勢恢宏！

小蓮：紫荊你看，祠堂的墻壁和屋頂有很多雕塑，從遠處看真是花團錦簇。

木棉爸爸：廣府祠堂主體建築有頭門、拜亭、正廳、寢堂等，有的還附帶有廚房、側廊、側堂等。

紫荆：木棉你看，宗祠屋頂的雕塑真是活靈活現！

木棉爸爸：這些雕塑叫灰塑，匠人以石灰爲主要原材料，加上發酵後的稻草或草紙，然後根據所設計的圖案，在需裝飾的部位進行現場製作，繪上各種色彩。

紫荆：這些屋脊上的雕塑太漂亮了，真是精雕細琢、匠心獨具！

木棉爸爸：中國古建築非常講究在細節上下功夫，宗祠這種重要建築更是如此。陳家祠內的大量雕塑都出自佛山石灣工匠之手。

小蓮：陳家祠爲什麼這麼大？

紫荆媽媽：陳家祠屬于合族祠，目的是爲參與建造合族祠的同姓宗族子弟在省城參加科舉考試、辦理各種事務等提供便利，其作用就像在廣州設立的「辦事處」。

小蓮：陳家祠的石雕動物真是栩栩如生，以前的匠人真是巧手！

小蓮：爲什麼宗祠建築有大有小？

木棉爸爸：宗祠是古代各姓族人敬祖議事、教育族人、弘揚社會價值觀的場所，要容納一族的人。宗族大，宗祠就大，反之就小些。

小蓮：沙灣何氏留耕堂的建築真是古樸美觀，周圍環繞的民居，都是一族之人吧？

小蓮爸爸：我之前就聽説留耕堂有很多有趣的習俗，歷史上，每十年舉行敬老宴，以弘揚尊老敬老的傳統美德，增强家族凝聚力。

木棉：這是民族英雄鄧世昌的紀念館啊，每次讀到他在大東溝海戰中奮戰的壯舉，我就感慨不已。

木棉爸爸：這座祠堂原本是1834年鄧氏祖先所建，規模也比較小，後因民族英雄鄧世昌爲國捐軀，1894年鄧氏後人用一部分撫恤金擴建鄧氏宗祠，現在這裏變身鄧世昌紀念館。宗祠承載的不僅有家族親情，還有愛國情懷。

木棉：這棵樹是當年鄧世昌親手栽種的，這裏是鄧世昌童年時讀書成長的地方。没有先烈們的浴血奮戰，就没有我們今天的生活啊！

木棉爸爸：至今，廣州的祠堂依然承載着傳承文化的重任，古祠内也會舉行「開筆禮」等民俗活動。

木棉：爸爸，什麼是開筆禮？

木棉爸爸：開筆禮也叫破蒙，小朋友們早早起床來到祠堂，由長者講授人生道理，教大家一起讀書、寫字。

紫荆媽媽：其實香港的古祠也很多。香港鄧氏宗祠是香港最大的祠堂之一，于2001年12月14日被列爲香港法定古迹。

小蓮爸爸：澳門的宗祠文化也很興盛，我之前還收集了不少宗祠的老照片。

紫荊媽媽：現在從香港回內地祭祖越來越方便了，一個宗族的人聚在一起，說不出的溫暖。

小蓮爸爸：未來無論我們去到哪里，都忘不了自己的「根」。

小貼士1 祠堂歷史知多點

聚族而居，族必有祠。「祠堂」一名最早出現于漢代，也叫家廟、宗祠。不過，很長一段時間裏，只有帝王與士大夫才有資格建家廟祭祖，民間不得立祠。廣府地區真正意義上的祠堂大規模興建潮出現在明代之後。南宋時，理學家朱熹創制祠堂以敬祖，民間祠堂已有所發展。明代頒布《聖諭六條》，要求百姓「孝順父母，尊敬長上，和睦鄉里，教訓子弟」，并逐漸放寬了民間立祠的限制。通過科舉考試入朝爲官的廣府人極力修譜建祠，成爲助推器。

小貼士2 廣州的祠堂

宋朝時，大量北方人爲躲避戰亂，越過大庾嶺進入嶺南，在珠璣巷暫時落脚後，南下珠江三角洲，開村居住。這些「聚族而居」的村莊，一般會按姓氏系别修纂族譜，修建祠堂。目前，廣州有約1300座古祠堂，其中始建于宋代的麥氏大宗祠，已有近900年的歷史，被認爲是廣州地區現存最古老的宗族祠堂。建于明萬曆年間的瀝滘衛氏大宗祠則以規模宏大著稱。

小貼士3　太公分猪肉

「太公分猪肉啦！」每當這個聲音響起，多半是整個村子的居民到祠堂聚會的時間又到了。通常春秋二祭後，族内或村内德高望重的人會在祠堂前將猪肉分給各家各户，寓意福蔭及庇護已到各家。「太公分猪肉」具體興于何時，恐怕没人能説清楚，這種文化已深入生活。廣府祠堂是人們處理宗族内部事務的場所，也是人們表達對美好生活嚮往、弘揚當時社會主流價值觀的平臺。

小貼士4 宗祠的結構

祠堂外常見水面、庭院、青雲巷、旗杆夾等，有些祠堂還附帶園林；主體建築有頭門、拜亭、正廳、寢堂等，有的還有廚房、側廊、側堂或後花園。

其中，祠堂門口最有講究。以有水面爲佳，比如水池、河涌等，有些水面是半圓形的，寄希望于家族人才輩出。此外，如果家族內出了進士，祠堂門口就會立一個旗杆夾。

小貼士5　祠堂記録廣府人遷徙史

廣州市從化區錢崗古村的廣裕祠始建于明朝永樂四年（1406年），與北京故宫同歲。作爲一座南方祠堂，廣裕祠有着北方祠堂的建築風格。古祠前不設水塘，祠堂内「八」字形照壁是典型的北方風格，屋頂的飄檐則是北方流行的人形飄檐。這座建築記録了廣府人由北向南遷的歷史。

小貼士6 合族祠

以陳家祠爲代表，合族祠是各地同姓氏宗族共同合資建造，目的是爲參與建造合族祠的同姓宗族子弟在省城考試、辦事提供便利，已不是嚴格意義上的宗祠。合族祠爲各地的同姓宗族建立了廣泛的社會聯繫，爲不同地域的人們提供了交流合作的舞臺。

第五章

來我家過端午

五月初五，阿媽叫我睇龍船

木棉：紫荊、小蓮，我們先吃粽子，一會一起去看龍舟。

紫荊：我太期待了，以前在香港，端午節我最期待的就是看龍舟賽。

紫荆：叔叔，「扒龍舟」這項習俗是如何興起的？

木棉爸爸：古往今來，對「扒龍舟」的由來有多種説法，目前無確鑿文字可考。根據聞一多先生的考證，龍舟競渡最早是吴越地區古越人的龍圖騰祭祀活動。古越人伴水而居，崇龍敬龍，還將舟船製成龍形，以競渡形式逐疫祈福，後來又與紀念愛國詩人屈原的習俗相融合。

紫荆：叔叔，各村的龍舟平時放在哪里呢？

木棉爸爸：傳統龍船多數用坤甸木製成，浸于水中會越發堅韌。「扒龍舟」每年結束後，必須將它深埋于河沙之下。次年端午前先將積壓在龍舟內的泥沙掏出，隨後合力摇鬆龍船底的泥漿，抽起龍身，再將裏面的積水舀出。

紫荊：叔叔，聽説廣州的龍舟活動有很多環節？

木棉爸爸：廣州的龍舟活動主要有幾個步驟：起龍、采青、招景、趁景、賽龍、藏龍和散龍，每個環節都有民俗上的講究。每個儀式舉行當天，很多村都有聚在一起吃龍舟飯的習俗。

紫荆：龍舟真是漂亮威風！

木棉爸爸：「起龍」後，村民首先將龍船清洗乾净晾乾，并將原有的底色圖案盡數擦去。做好準備工作後再塗上底色，完全覆蓋原有底色和圖案，每塗完一次，要待幹透才能進行下一次塗色。底色幹透後，開始畫花，然後裝上龍頭、龍尾。

木棉：爸爸，龍舟的龍頭有什麼講究？

木棉爸爸：龍舟形制可分爲東江水系和西江水系。西江水系的龍舟細長狹窄，龍頭造型簡潔，遠看似「鷄公」，內行人稱這種龍頭爲「鷄公頭」。東江水系龍舟，則稱爲「大頭龍」，俗稱「大頭狗」，龍頭造型比較寬闊。

木棉：一艘龍舟一般多大？

木棉爸爸：標準龍舟（15米長比賽用龍），重約800公斤。傳統龍舟短的約20米，可容40人；長的48米，可容84人。以往最長的龍舟長達50餘米，可容百人。

小蓮：叔叔，龍舟製作有什麼講究？

木棉爸爸：最傳統的龍舟多數用坤甸木製作，一般重3—5噸，經久耐用，亦不怕浸在水裏，小心保養可以放上幾百年。近年來流行用杉木和柚木製造龍舟，材質比較輕，能扒得更快，但不容易保存。杉木龍舟只能懸挂在通風的地方。

小蓮：紫荊你看，龍舟槳手們動作多麼整齊！

紫荊：龍舟上的鼓手是全船的指揮，他敲擊的鼓點決定了全船的節奏。

木棉爸爸：抵達終點後，搶標手便會搶奪一些象徵勝利的標志物，如福字、燒猪、錦旗等，所以龍舟賽也叫作「搶標」。

小蓮：龍舟飯真好吃，這些菜肴有什麼講究嗎？

木棉爸爸：「龍船飯」一般有白切雞、燒鵝、鴻運燒肉、髮菜伴蚝豉等各色菜式。最少不了的是一道簡單小炒——龍船丁，用豆角粒、辣椒圈、鹹蘿蔔、花生粒四樣材料炒製。

小蓮：叔叔，龍舟賽還有什麼習俗？

木棉爸爸：龍船挖出後，要辦一個儀式讓它「神清氣爽」，所以要「采青」。這個儀式往往在農曆四月廿八日前後進行，擇吉日采一把青苗進行拜祭儀式。「采青」儀式前，還要采摘新鮮的龍眼葉（代表生猛旺盛）、柏枝（代表長青）等祭祀品，然後將紅布扎成的彩球掛在龍頭上。「采青」儀式結束後，就可以正式「扒龍舟」了。

木棉爸爸：端午節不僅是一個宗族、一座村落的節日，還是大家的節日。而划龍舟，即粵語俗稱的「扒龍船」，不僅是一個傳統節慶活動，還是一場團結宗族、敦親睦鄰、祈求豐收的盛大儀式。對村民來説，比過年還熱鬧。

木棉爸爸： 當初我爲了參加龍舟賽，一直練習到半夜呢！哈哈！

木棉：在香港，大家也喜歡龍舟嗎？

紫荆媽媽：香港本地對龍舟賽的熱情很高。每年都會在香港仔避風塘的海面上舉行「香港仔龍舟競渡大賽」。這項比賽已經有過百年歷史了。

小蓮爸爸：澳門人也非常喜歡划龍舟。龍舟的樣式和風俗與廣府一致，澳門最後一條本地製造的龍舟保存至今。

小貼士1 廣州龍舟習俗

起龍：將埋于河涌池塘的龍舟挖起，清淤、緊龍筋、上油、裝飾，把龍舟和龍頭龍尾重新添加色彩，整理羅傘旗幟。

采青：采摘禾苗、龍眼葉、柏樹枝等植物枝葉，并用紅布捆綁在龍頭、龍尾、羅傘、神龕等龍舟物品上。

招景：由村中父老向兄弟村發「龍船帖」，約定好日期，划龍舟過來探親。

趁景：兄弟村的龍舟四面八方彙聚一起聯絡感情，只表演技巧不論名次，喝龍船茶、吃龍船餅、宴龍船飯。

賽龍：龍舟競渡又叫鬥標，得勝者可獲賞全只燒猪、燒酒等。

藏龍散龍：挑選吉日將龍船的船頭、船尾和船身分開保存，船身一般藏在河道的泥下，龍頭、龍尾則供奉在祠堂裏。

小貼士2　龍舟的結構

龍舟的主體結構可分爲龍頭、龍尾、龍骨、龍腸、冚板五部分，龍頭和龍尾均可拆卸儲藏。完整的龍舟還要配上木橈、龍艄、龍船鼓、雙銅鑼、龍棍和威風凜凜的龍旗。傳統的龍舟多數用坤甸木製作，一般重3噸到5噸，小心保養的話可以存放幾百年。

小貼士3 龍頭造型

龍頭造型千姿百態，根據各地風俗而定。有的威武雄壯，有的慈眉善目；有的雙角，有的獨角；有的有鬍鬚，有的没有。龍頭、龍尾大多用整塊的樟木雕刻而成，平時放置在祠堂中，只在競渡前才裝上。龍頭多染成紅色，稱「紅龍」；也有塗黑色或灰色的，稱「黑龍」或「灰龍」。

小貼士4　關于嶺南龍舟最早的記載

最早關于嶺南龍舟競渡的文獻記載出自唐代李貞的《峽山觀競渡》：「峽山晴帶霞，峽水倒榴花。芳渚停千舫，寒潭浸幾家。飛舟海客度，急鼓醉人撾。何處來神女，凌波出水涯。」李貞是唐太宗第八子，被封爲越王，詩中描寫了李貞在東莞峽山觀競渡的情形。

小貼士5 「趁景」最熱鬧

「趁景」是表演的時刻，上百條龍舟從四方駛來。裝飾一新的龍舟競的是「靚」，小至標旗、羅傘裝飾，大至龍頭、旗手的姿勢、鼓手的身材、橈手的技藝，都是比拼的內容。「趁景」現場鼓手打起花式鼓點，鞭炮手把鞭炮點燃，龍舟上的人都全力以赴，表演各種技巧。

小貼士6　大灣區經典龍舟賽

從1953年起，廣州市組織龍舟比賽或表演，参加活動的龍舟數量逐年增加。1980年起，賽龍舟被列入中國國家體育比賽項目。

香港國際龍舟邀請賽是在香港舉行的國際性賽龍舟活動，于1976年首次舉行。賽事于每年6月端午節後之星期六、日舉行，是最早的同類國際性龍舟活動及最具代表性的比賽之一。